# SŒUR BIBIANE

HOMMAGE DE L'AUTEUR

N°

# A SŒUR FÉLICITÉ

SOUVENIR FRATERNEL

# SŒUR BIBIANE

—

ONNAISSEZ-VOUS Sœur Bibiane?

C'est bien certainement une des Sœurs les plus dévouées de cette Compagnie des Filles de la Charité de Saint-Vincent de Paul qui ne compte que des dévouées.

Née à Tarascon, elle a gardé du pays de Tartarin ce parfum de terroir et cette allure unique dont Alphonse Daudet a paré son héros.

Spirituelle jusqu'au bout des ongles, maligne comme une jeune chatte, elle bavarde, elle jase, et personne ne s'en plaint; ses expressions pittoresques amusent et provoquent le rire; quand elle a fini, on se surprend à lui dire : encore. Jamais œil plus espiègle ne brilla sous la blanche cornette.

Avec deux coopératrices sous ses ordres, elle est chargée de la direction de l'école maternelle. Il faut la voir entourée de cinq ou six douzaines de marmots qui tous obéissent au moindre de ses gestes, à un coup d'œil, et qui manœuvrent au bruit de sa claquette comme un peloton de vieux vétérans. — Je parle en connaissance de cause.

Elle demeure sympathique, même aux

laïcisateurs les plus acharnés, et cependant, lorsqu'elle les tient, elle ne les laisse aller que son sac vidé.

Vous savez qu'il est actuellement de mode de laïciser les établissements communaux dirigés par les congréganistes, Frères du vénérable Jean-Baptiste de la Salle, de Saint-Gabriel, aussi bien que Religieuses Ursulines ou Sœurs de Saint-Vincent de Paul. La campagne se poursuit activement, et dans une période plus ou moins rapprochée nous en verrons les résultats, à moins, — et plaise à Dieu que cela ne tarde pas trop, — que le gouvernement ne change et que la République ne retourne au diable d'où elle vient.

Je ne dirai rien de plus ici pour les

instituteurs chrétiens chassés ni contre les municipalités athées qui se privent volontairement de leurs services; que chacun juge, moi je raconte.

La petite ville de X.... avait deux établissements d'instruction dirigés par les Filles de Saint-Vincent de Paul : une école primaire, un asile. Les deux étaient prospères et n'avaient jamais été l'objet d'aucune plainte; néanmoins, le conseil municipal jugea à propos de laïciser l'école primaire. Tel était son bon vouloir.

Grand fut l'émoi chez les bonnes Sœurs. Qui conservera la piété chez nos enfants, disaient-elles? Deviendront-elles mères chrétiennes, si jamais, — et c'est à craindre, — elles cessent d'être filles pudiques ?

L'amour-propre s'en mêlait aussi : Est-ce que notre enseignement ne vaut pas l'enseignement laïque, et les succès aux concours ne couronnent-ils pas nos efforts ?

Et encore : Nous faudra-t-il donc quitter X..., où nous avons depuis si longtemps des amis ? X..., où, malgré tout nous sommes aimées, respectées, honorées ? X..., dont presque toute la population a été élevée par nos Sœurs ?

Pour parer à l'éventualité d'un départ, il n'est qu'un moyen: il faut que les favorisés de la fortune qui veulent l'instruction religieuse et l'éducation chrétienne construisent une école libre et qu'ils nous en confient la direction. Oui, mais réunira-t-on la somme nécessaire ?

Faisons, dans cette intention, une neuvaine à saint Joseph, continuent les Religieuses ; justement, nous en avons une statue dans notre chapelle. C'est un très grand saint, vénéré particulièrement par notre ordre ; il est impossible qu'il ne nous tire pas de là ; nous allons le prier avec toute la ferveur possible, et il exaucera nos vœux.

Il les exaucera, certes, reprit Sœur Bibiane, mais pour cela laissez-moi lui parler un peu :

— Écoute bien, saint Joseph, j'ai grande confiance en toi et ma vénération pour toi est très grande, tu le sais ; tu nous feras réussir dans nos projets, ou prends-y bien garde, je te fourre dans la cave, et ce serait honteux pour le père nourricier de Jésus.

Quand la Sœur en arriva là, car c'est elle qui me contait ce que j'essaie de reproduire le plus fidèlement possible, je partis d'un formidable éclat de rire ; cinq minutes durant je me tordis.

— Eh bé! me dit-elle, quand je fus un peu calmé, saint Joseph nous a exaucé, la souscription ouverte a donné une somme assez rondelette, on a acheté un terrain, l'école a été construite et les enfants y regorgent. Voyez l'effet de ma menace.

Quelque temps après, je revis Sœur Bibiane; elle avait été malade, et, de par la Faculté, condamnée à garder la chambre.

Chaque matin, elle restait au lit pendant que ses compagnes allaient à la messe prendre leur nourriture spirituelle et demander le courage nécessaire pour l'accomplissement de leur labeur ingrat et quotidien.

— Vous deviez bien vous ennuyer, dis-je, ma Sœur?

— Si je m'ennuyais! oh oui. Je maugréais et je me dépitais en vain; il me fallait demeurer; mais dame aussi je lui faisais du poing...

— Comment dites-vous, ma sœur?

— Eh oui, je lui faisais du poing...

Et il fallait entendre l'accent qui soulignait le mot poing.

— A qui donc faisiez-vous du poing ?

— Té! au bon Dieu, donc. Je lui disais : Mon Dieu, soyez raisonnable, envoyez-moi bien vite la guérison, car je veux aller à la messe. J'ai besoin de prier, moi, de prier pour moi et aussi pour les autres. Et j'ai été écoutée, je suis guérie et je vais à l'église.

Voilà, dans toute leur simplicité, deux bonnes idées bien originales de Sœur Bibiane : descendre le protecteur de la sainte Vierge à la cave et montrer le poing à Dieu le Père. — Je m'étais promis de les écrire, je l'avais même annoncé à l'héroïne ; elle verra que je suis homme de parole.

Fontenay-le-Comte, 14 Novembre 1887.

Fontenay-le-Comte. imp. L.-P. Gouraud.